親が子どものために書く
世界にひとつだけの本
BLUE

文芸社

Prologue
はじめに

　ある時、母と話していると、「あなたは小さいころからなりたい職業がよく変わっていたから」と言われました。私が「プロ野球の選手って言ってなかった？」と聞くと、「それは小学校のころ。保育園のころは、柔道の先生って言ってたよ。忘れたけど、ほかにもいろいろあったっけ」と、母は教えてくれました。それを聞いて、私は「本当に？」と笑い、そのあとも昔話をしながら、母と楽しい時間を過ごしたのを覚えています。

　記憶はいつからあるのでしょうか？

　自分の記憶にない頃のことを、親は知っています。でもいつのまにか、自分も親もかつての出来事を忘れていくものです。イメージはあるのに、名前や場所などが思い出せないことが増えていくのです。

　たわいのないことでも書き残してあれば、親から子への思いを、それをもらった時や、自分が親になってから読んだ時に、伝えることができるでしょう。

　この本は、まさにそんな親と子の記憶をいつまでも残しておきたいという思いから生まれました。親が子どもの成長を記録する、また、親が子どもとじっくりと向き合う時間をつくるための本です。

　この本が、親子の絆をさらに深めるきっかけになってくれれば幸いです。

Application de ce livre
本書の使い方

　この本は、お子さんに対する思い、成長の記録としてお使いください。

　毎日書き込むものではありません。始業式や誕生日など、大切なイベントの際に、また、この本の存在を思い出しては書き込んでください。一言でもいいので、お父さんやお母さん、おじいちゃんやおばあちゃんのコメントもお願いします。

　空いたスペースには、写真を貼ったり、お子さんに自分の名前や落書きなどを書かせてください。

　そしてお子さんの人生の節目である、学校の卒業式や成人式、または結婚の時などに、巻末にメッセージを書き込んで渡してあげてください。

　子育てで迷ったり焦ったりした時には、この本を開いてゆっくり読んでみてください。きっとあなたを癒し、成長させてくれるでしょう。

　お子さんがもう幼稚園や小学校に行かれていても、この本を見て知った時から書き込んでください。

　この一冊は、宝物であるお子さんのために、それとあなた自身にも笑顔と勇気と希望を与えてくれる、お金では買えない最高のプレゼントになるでしょう。

- かしこまる必要はありません。この本には、あなたの素直な気持ちを、質問事項に沿って自由に書き込んでください。
- 記念に残しておきたいお子さんの写真があれば、各章扉やメッセージページの空きスペースに貼り付けてください。イラストの上に貼っても構いません。使い方はあなた次第です（写真は多くても１年に１枚程度が望ましい量です。たくさん貼ると、本がふくらみ、傷みやすくなります）。
- 中学生の章からは、自由な記入形式になります。この章の使い方も自由にどうぞ。お子さんと一緒に思い出を書き込むのもいいでしょう。
- お子さんが成長し、巻末にメッセージを書き込んだら、帯をはずして、プレゼントしてあげてください。

Table des matières

目次

はじめに ……………………………………………… 003
本書の使い方 ………………………………………… 004

妊娠・出産 …………………………………………… 009
誕生 …………………………………………………… 013
　初めてできたよ …………………………………… 016

1歳の思い出ノート ………………………………… 019
2歳の思い出ノート ………………………………… 023
3歳の思い出ノート ………………………………… 027
4歳の思い出ノート ………………………………… 031
5歳の思い出ノート ………………………………… 035
6歳の思い出ノート ………………………………… 039

小学校入学おめでとう ……………………………… 043

7歳の思い出ノート ………………………………… 045
8歳の思い出ノート ………………………………… 049
9歳の思い出ノート ………………………………… 053
10歳の思い出ノート ………………………………… 057
11歳の思い出ノート ………………………………… 061
12歳の思い出ノート ………………………………… 065

小学校卒業、中学校入学おめでとう ……… 069

大人への扉 ……………………………………… 071
　13歳の思い出ノート ……………………… 072
　14歳の思い出ノート ……………………… 074
　15歳の思い出ノート ……………………… 076

大人になったわが子へ ……………………… 078

La conception et l'accouchement
妊娠・出産

選ばれました
赤ちゃんはあなたを選びました。
そしてあなたの思いを知っています、覚えています。

La conception et l'accouchement
妊娠・出産

赤ちゃんができたことがわかった日にち

●••●

赤ちゃんがおなかにできた時の気持ち

●••●

●••●

まわりの反応は？

●••●

妊娠中、よく覚えている出来事は？

●••●

●••●

妊娠中、大変だったことは？

●••●

●••●

出産までの準備（何を買いましたか？　印象に残っているものは？）

●・・・●

●・・・●

●・・・●

親になって、意識が変わったと思うことは？

●・・・●

●・・・●

●・・・●

初めておなかが動いたのは？

●・・・●

妊娠中、どんなことを考えて過ごしましたか？

●・・・●

●・・・●

●・・・●

La conception et l'accouchement

妊娠・出産

おなかの赤ちゃんへの想いあれこれ

....

....

....

赤ちゃんが生まれそうになった（破水した）時の様子は？

....

....

出産にどのくらいの時間がかかりましたか？

....

出産の感想は？

....

....

....

....

Naissance de mon enfant

誕生

笑顔
天使の笑顔をみて、
最高の笑顔を返してあげましょう。

Naissance de mon enfant

誕生

赤ちゃんが誕生した日にち、時間

・・・

赤ちゃんの身長、体重、足のサイズ

　　　　　　　　　cm　　　　　　　kg　足のサイズ　　　　　cm
・・・

誕生した日の天気はどんな様子でしたか？

・・・

どこの病院で生まれたの？

・・・

生まれたての赤ちゃんの印象は？

・・・

・・・

・・・

・・・

命名

命名にまつわるエピソード
（誰が考えたの？　候補として、どんな名前があがっていましたか？）

....

....

....

退院して、初めて家に入った日の様子は？

....

赤ちゃんが誕生して、どんな人がお祝いしてくれましたか？

....

....

....

La première fois...
初めてできたよ

わらった

　　年　　　月　　　日

声を出した

　　年　　　月　　　日

歯がはえた

　　年　　　月　　　日

首がすわった

　　年　　　月　　　日

寝返りをした

　　年　　　月　　　日

おすわり
できるようになった

_____年_____月_____日

ハイハイした

_____年_____月_____日

つかまり立ちした

_____年_____月_____日

自分で歩いた

_____年_____月_____日

おしゃべりをした

_____年_____月_____日

はじめてしゃべったことば

_____

_____

_____

子どもが生まれてからのことを振り返って

Souvenir de mon enfant
１歳の思い出ノート

抱きしめる
抱きぐせがついてもいいんです、
いっぱい抱きしめてあげましょう。
子どもはぬくもりをいつまでも覚えています。

Souvenir de mon enfant
1歳の思い出ノート

身長、体重、靴のサイズ（1歳0ヵ月）

　　　　　　　　　cm　　　　　　　kg　靴のサイズ　　　　　cm

1歳のお誕生日の出来事は？

好きな食べ物、嫌いな食べ物は？
好き　　　　　　　　　　　嫌い

好きな遊び、どんな遊びをしましたか？

好きなおもちゃ、絵本は？

1歳の頃の印象に残っている思い出は？

驚いたこと、おもしろかったことは？

● ・・ ●

● ・・ ●

● ・・ ●

大変だったことは？

● ・・ ●

● ・・ ●

● ・・ ●

こんな時、甘えてきます

● ・・ ●

● ・・ ●

天使だな、小悪魔だなと思う瞬間は？

● ・・ ●

● ・・ ●

Souvenir de mon enfant
１歳の思い出ノート

子どもに対して教えながら、子育てで反省していること、学んでいることは？

•⋯⋯⋯⋯⋯⋯⋯⋯⋯⋯⋯⋯⋯⋯⋯⋯⋯⋯⋯⋯⋯⋯⋯⋯⋯⋯⋯⋯⋯⋯⋯⋯⋯⋯•
•⋯⋯⋯⋯⋯⋯⋯⋯⋯⋯⋯⋯⋯⋯⋯⋯⋯⋯⋯⋯⋯⋯⋯⋯⋯⋯⋯⋯⋯⋯⋯⋯⋯⋯•
•⋯⋯⋯⋯⋯⋯⋯⋯⋯⋯⋯⋯⋯⋯⋯⋯⋯⋯⋯⋯⋯⋯⋯⋯⋯⋯⋯⋯⋯⋯⋯⋯⋯⋯•
•⋯⋯⋯⋯⋯⋯⋯⋯⋯⋯⋯⋯⋯⋯⋯⋯⋯⋯⋯⋯⋯⋯⋯⋯⋯⋯⋯⋯⋯⋯⋯⋯⋯⋯•
•⋯⋯⋯⋯⋯⋯⋯⋯⋯⋯⋯⋯⋯⋯⋯⋯⋯⋯⋯⋯⋯⋯⋯⋯⋯⋯⋯⋯⋯⋯⋯⋯⋯⋯•

１歳の　　　　　ちゃんはどんな子？

•⋯⋯⋯⋯⋯⋯⋯⋯⋯⋯⋯⋯⋯⋯⋯⋯⋯⋯⋯⋯⋯⋯⋯⋯⋯⋯⋯⋯⋯⋯⋯⋯⋯⋯•
•⋯⋯⋯⋯⋯⋯⋯⋯⋯⋯⋯⋯⋯⋯⋯⋯⋯⋯⋯⋯⋯⋯⋯⋯⋯⋯⋯⋯⋯⋯⋯⋯⋯⋯•
•⋯⋯⋯⋯⋯⋯⋯⋯⋯⋯⋯⋯⋯⋯⋯⋯⋯⋯⋯⋯⋯⋯⋯⋯⋯⋯⋯⋯⋯⋯⋯⋯⋯⋯•

１歳の　　　　　ちゃんへのメッセージ

•⋯⋯⋯⋯⋯⋯⋯⋯⋯⋯⋯⋯⋯⋯⋯⋯⋯⋯⋯⋯⋯⋯⋯⋯⋯⋯⋯⋯⋯⋯⋯⋯⋯⋯•
•⋯⋯⋯⋯⋯⋯⋯⋯⋯⋯⋯⋯⋯⋯⋯⋯⋯⋯⋯⋯⋯⋯⋯⋯⋯⋯⋯⋯⋯⋯⋯⋯⋯⋯•
•⋯⋯⋯⋯⋯⋯⋯⋯⋯⋯⋯⋯⋯⋯⋯⋯⋯⋯⋯⋯⋯⋯⋯⋯⋯⋯⋯⋯⋯⋯⋯⋯⋯⋯•

Souvenir de mon enfant

2歳の思い出ノート

同じ視点

子どもと同じ視点に自分を置き、
なるべく対等・公平を心掛けていきましょう。

Souvenir de mon enfant
2歳の思い出ノート

身長、体重、靴のサイズ（2歳0ヵ月）

cm　　　　　　　　kg　靴のサイズ　　　　cm

2歳のお誕生日の出来事は？

好きな食べ物、嫌いな食べ物は？
好き　　　　　　　　　嫌い

好きな遊び、どんな遊びをしましたか？

好きなおもちゃ、絵本は？

子どもを動物にたとえるなら？　その理由は？

2歳の頃の印象に残っている思い出は？

●……………………………………………………………………………………………●

●……………………………………………………………………………………………●

●……………………………………………………………………………………………●

驚いたこと、おもしろかったことは？

●……………………………………………………………………………………………●

●……………………………………………………………………………………………●

●……………………………………………………………………………………………●

大変だったことは？

●……………………………………………………………………………………………●

●……………………………………………………………………………………………●

小さな子どもにエネルギーを感じる瞬間は？

●……………………………………………………………………………………………●

●……………………………………………………………………………………………●

Souvenir de mon enfant

2歳の思い出ノート

自分が子どもに対して与えていると思うことは？ 逆に子どもからもらっていると思うことは？

・・・

・・・

・・・

・・・

2歳の　　　　　ちゃんはどんな子？

・・・

・・・

・・・

2歳の　　　　　ちゃんへのメッセージ

・・・

・・・

・・・

Souvenir de mon enfant
3歳の思い出ノート

一人じゃない
あまりがんばりすぎずに。まわりに頼っていいんです。
同じ経験をしている人、した人、皆仲間です。

Souvenir de mon enfant

3歳の思い出ノート

身長、体重、靴のサイズ（3歳0ヵ月）

　　　　　　　　cm　　　　　　　kg　　靴のサイズ　　　　　cm

3歳のお誕生日、何をして過ごしましたか？

好きな食べ物、嫌いな食べ物は？
好き　　　　　　　　　　　　嫌い

好きな遊び、どんな遊びをしましたか？

好きな本は？

3歳の頃の印象に残っている思い出は？

驚いたこと、おもしろかったことは？

•···•

•···•

七夕の願いごとは？

•···•

天使だな、小悪魔だなと思う瞬間は？

•···•

•···•

仲良しのお友だちの名前は？　お友だちとの思い出は？

•···•

•···•

一生懸命がんばったことは？

•···•

•···•

Souvenir de mon enfant
3歳の思い出ノート

子どもに対して教えながら、子育てで反省していること、学んでいることは？

•⋯⋯⋯⋯⋯⋯⋯⋯⋯⋯⋯⋯⋯⋯⋯⋯⋯⋯⋯⋯⋯⋯⋯⋯⋯⋯⋯⋯⋯⋯⋯⋯⋯•

•⋯⋯⋯⋯⋯⋯⋯⋯⋯⋯⋯⋯⋯⋯⋯⋯⋯⋯⋯⋯⋯⋯⋯⋯⋯⋯⋯⋯⋯⋯⋯⋯⋯•

心が満たされるのは、どんな瞬間ですか？

•⋯⋯⋯⋯⋯⋯⋯⋯⋯⋯⋯⋯⋯⋯⋯⋯⋯⋯⋯⋯⋯⋯⋯⋯⋯⋯⋯⋯⋯⋯⋯⋯⋯•

子どもを通して見る自分（私ってこんな人だったんだ…）

•⋯⋯⋯⋯⋯⋯⋯⋯⋯⋯⋯⋯⋯⋯⋯⋯⋯⋯⋯⋯⋯⋯⋯⋯⋯⋯⋯⋯⋯⋯⋯⋯⋯•

•⋯⋯⋯⋯⋯⋯⋯⋯⋯⋯⋯⋯⋯⋯⋯⋯⋯⋯⋯⋯⋯⋯⋯⋯⋯⋯⋯⋯⋯⋯⋯⋯⋯•

3歳の　　　　　ちゃんはどんな子？

•⋯⋯⋯⋯⋯⋯⋯⋯⋯⋯⋯⋯⋯⋯⋯⋯⋯⋯⋯⋯⋯⋯⋯⋯⋯⋯⋯⋯⋯⋯⋯⋯⋯•

•⋯⋯⋯⋯⋯⋯⋯⋯⋯⋯⋯⋯⋯⋯⋯⋯⋯⋯⋯⋯⋯⋯⋯⋯⋯⋯⋯⋯⋯⋯⋯⋯⋯•

3歳の　　　　　ちゃんへのメッセージ

•⋯⋯⋯⋯⋯⋯⋯⋯⋯⋯⋯⋯⋯⋯⋯⋯⋯⋯⋯⋯⋯⋯⋯⋯⋯⋯⋯⋯⋯⋯⋯⋯⋯•

•⋯⋯⋯⋯⋯⋯⋯⋯⋯⋯⋯⋯⋯⋯⋯⋯⋯⋯⋯⋯⋯⋯⋯⋯⋯⋯⋯⋯⋯⋯⋯⋯⋯•

Souvenir de mon enfant

4歳の思い出ノート

育てる（1）
どういうふうに育ってほしいか、
気持ちを一貫させておきましょう。
まわりの情報に振りまわされていませんか？

Souvenir de mon enfant

4歳の思い出ノート

身長、体重、靴のサイズ（4歳0ヵ月）

　　　　　　　cm　　　　　　kg　靴のサイズ　　　　cm

4歳のお誕生日、何をして過ごしましたか？

大好きなものは？

夢中になっていたことは（習いごとなど）？

仲良しのお友だちの名前は？　お友だちとの思い出は？

4歳の頃の印象に残っている思い出は？

何をしているときが楽しそうだった？

・・

・・

こんなことでよく怒られました

・・

七夕の願いごとは？

・・

・・

一生懸命がんばったことは？

・・

・・

親として完璧じゃない、と思うところは？

・・

・・

Souvenir de mon enfant
4歳の思い出ノート

自分が子どもに対して与えていると思うことは？　逆に子どもからもらっていると思うことは？

●・・・●

●・・・●

●・・・●

あなたにとって子どもとは？

●・・・●

●・・・●

4歳の　　　　　　ちゃんはどんな子？

●・・・●

●・・・●

4歳の　　　　　　ちゃんへのメッセージ

●・・・●

●・・・●

Souvenir de mon enfant

5歳の思い出ノート

育てる（2）

自然を感じさせてあげましょう。
活動範囲を広げると、子どもの視野も広がります。

Souvenir de mon enfant

5歳の思い出ノート

身長、体重、靴のサイズ（5歳0ヵ月）

.... cm .... kg　靴のサイズ .... cm

5歳のお誕生日、何をして過ごしましたか？

好きな色は？

得意なことは？

大好きなものは？

夢中になっていたことは（習いごとなど）？

仲良しのお友だちの名前は？

将来は何になりたい？

5歳の頃の印象に残っている思い出は？

七夕の願いごとは？

一生懸命がんばったことは？

Souvenir de mon enfant

5歳の思い出ノート

子どもに対して教えながら、子育てで反省していること、学んでいることは？

・・・

・・・

自分に似ていると思うところは？

・・・

親として、子どもに理解してもらいたいことは？

・・・

・・・

5歳の　　　　　ちゃんはどんな子？

・・・

・・・

5歳の　　　　　ちゃんへのメッセージ

・・・

・・・

Souvenir de mon enfant
6歳の思い出ノート

褒める
たくさん褒めてあげましょう。
家族にもお子さんが頑張ったことを伝えましょう。

Souvenir de mon enfant

6歳の思い出ノート

身長、体重、靴のサイズ（6歳0ヵ月）

　　　　　　　cm　　　　　　　kg　靴のサイズ　　　　　　cm

大好きなものは？

夢中になっていたことは（習いごとなど）？

仲良しのお友だちの名前は？　お友だちとの思い出は？

子どもを動物にたとえるなら？　その理由は？

こんな時、甘えてきます

こんなことでよく怒られました

印象に残っている会話はありますか？

•⋯⋯⋯⋯⋯⋯⋯⋯⋯⋯⋯⋯⋯⋯⋯⋯⋯⋯⋯⋯⋯⋯⋯⋯⋯⋯⋯•

•⋯⋯⋯⋯⋯⋯⋯⋯⋯⋯⋯⋯⋯⋯⋯⋯⋯⋯⋯⋯⋯⋯⋯⋯⋯⋯⋯•

将来は何になりたい？

•⋯⋯⋯⋯⋯⋯⋯⋯⋯⋯⋯⋯⋯⋯⋯⋯⋯⋯⋯⋯⋯⋯⋯⋯⋯⋯⋯•

6歳の頃の印象に残っている思い出は？

•⋯⋯⋯⋯⋯⋯⋯⋯⋯⋯⋯⋯⋯⋯⋯⋯⋯⋯⋯⋯⋯⋯⋯⋯⋯⋯⋯•

•⋯⋯⋯⋯⋯⋯⋯⋯⋯⋯⋯⋯⋯⋯⋯⋯⋯⋯⋯⋯⋯⋯⋯⋯⋯⋯⋯•

•⋯⋯⋯⋯⋯⋯⋯⋯⋯⋯⋯⋯⋯⋯⋯⋯⋯⋯⋯⋯⋯⋯⋯⋯⋯⋯⋯•

•⋯⋯⋯⋯⋯⋯⋯⋯⋯⋯⋯⋯⋯⋯⋯⋯⋯⋯⋯⋯⋯⋯⋯⋯⋯⋯⋯•

成長したなと思った瞬間は？

•⋯⋯⋯⋯⋯⋯⋯⋯⋯⋯⋯⋯⋯⋯⋯⋯⋯⋯⋯⋯⋯⋯⋯⋯⋯⋯⋯•

•⋯⋯⋯⋯⋯⋯⋯⋯⋯⋯⋯⋯⋯⋯⋯⋯⋯⋯⋯⋯⋯⋯⋯⋯⋯⋯⋯•

•⋯⋯⋯⋯⋯⋯⋯⋯⋯⋯⋯⋯⋯⋯⋯⋯⋯⋯⋯⋯⋯⋯⋯⋯⋯⋯⋯•

Souvenir de mon enfant

6歳の思い出ノート

愛しい、大切だなと思う瞬間は？

●・・・●

●・・・●

自分が子どもに対して与えていると思うことは？　逆に子どもからもらっていると思うことは？

●・・・●

●・・・●

●・・・●

6歳の　　　　　ちゃんはどんな子？

●・・・●

●・・・●

6歳の　　　　　ちゃんへのメッセージ

●・・・●

●・・・●

Message pour mon enfant

小学校入学おめでとう

家族からのメッセージ

小学生になるまでを振り返って

Souvenir de mon enfant
7歳の思い出ノート

キャッチボール

相手の胸へ、取れるスピードで取れる範囲に投げましょう。
言葉のキャッチボールも一緒です。
ドッジボールになっていませんか？

Souvenir de mon enfant

7歳の思い出ノート

身長、体重、靴のサイズ（7歳0ヵ月）

　　　　　　　　cm　　　　　　　kg　靴のサイズ　　　　　cm

何年何組？　担任の先生は？

好きな教科、嫌いな教科は？

よく一緒に遊ぶ友だちの名前は？

よく遊ぶ場所は？　どんな遊びをしていましたか？

好きな子はできた？

好きな本は？

口ぐせは？

好きな食べ物は？

....

習いごと、もしくは夢中だったことは？

....

将来の夢は？

....

....

学校行事の記録（運動会、遠足など）

....

....

家族の思い出ランキング

1.
....
2.
....
3.
....

Souvenir de mon enfant

7歳の思い出ノート

こんなことで褒められました！

●・・・●

●・・・●

●・・・●

子育てで反省していること、学んでいることは？

●・・・●

●・・・●

●・・・●

7歳の　　　　　はどんな子？

●・・・●

●・・・●

7歳の　　　　　へのメッセージ

●・・・●

●・・・●

Souvenir de mon enfant
8歳の思い出ノート

北風と太陽

北風と太陽を思い出しましょう。
北風と太陽はどちらも必要です。
あなたはどちらでいる時が多いですか？

Souvenir de mon enfant
8歳の思い出ノート

身長、体重、靴のサイズ（8歳0ヵ月）

●・・・・・・・・・・・cm・・・・・・・・・・・kg　靴のサイズ・・・・・・・・・・・cm●

何年何組？　担任の先生は？

●・・●

よく一緒に遊ぶ友だちの名前は？

●・・●

好きなことは？

●・・●

●・・●

●・・●

好きな本は？

●・・●

習いごと、もしくは夢中だったことは？

●・・●

将来の夢は？

・・・

・・・

学校行事の記録（運動会、遠足など）

・・・

・・・

家族の思い出ランキング

1. ・・・

2. ・・・

3. ・・・

この時期、親が一番大変だったことは？

・・・

・・・

・・・

Souvenir de mon enfant
8歳の思い出ノート

親として完璧じゃない、と思うところは？

●··●

●··●

●··●

自分が子どもに対して与えていると思うことは？　逆に子どもからもらっていると思うことは？

●··●

●··●

8歳の　　　　　　はどんな子？

●··●

●··●

8歳の　　　　　　へのメッセージ

●··●

●··●

Souvenir de mon enfant
9歳の思い出ノート

本音と建前
いい親を演じる必要はありません。
家族の前では常に本音でしゃべりましょう。
本当の自分で過ごしていますか？

Souvenir de mon enfant
9歳の思い出ノート

身長、体重、靴のサイズ（9歳0ヵ月）

　　　　　　　　cm　　　　　　　kg　靴のサイズ　　　　cm

何年何組？　担任の先生は？

好きな教科、嫌いな教科は？

よく一緒に遊ぶ友だちの名前は？

好きな歌は？

好きなアニメ、映画は？

好きな本は？

一生懸命がんばったことは？

将来の夢は？

● ··· ●

● ··· ●

学校行事の記録（運動会、遠足など）

● ··· ●

● ··· ●

● ··· ●

家族の思い出ランキング

1.
● ··· ●
2.
● ··· ●
3.
● ··· ●

長所、短所は？

● ··· ●

● ··· ●

Souvenir de mon enfant

9歳の思い出ノート

子育てで反省していること、学んでいることは？

- ....
- ....
- ....

自分に似ていると思うところは？

- ....
- ....
- ....

9歳の　　　　　　はどんな子？

- ....
- ....

9歳の　　　　　　へのメッセージ

- ....
- ....

Souvenir de mon enfant

10歳の思い出ノート

会話

子どもの意見を認め、共感してあげましょう。
それから、どうしたいのかを聴いてあげましょう。

Souvenir de mon enfant
10歳の思い出ノート

身長、体重、靴のサイズ（10歳0ヵ月）

•⋯⋯⋯⋯⋯⋯⋯⋯cm⋯⋯⋯⋯⋯⋯⋯⋯kg　靴のサイズ⋯⋯⋯⋯⋯cm•

何年何組？　担任の先生は？

•⋯⋯⋯⋯⋯⋯⋯⋯⋯⋯⋯⋯⋯⋯⋯⋯⋯⋯⋯⋯⋯⋯⋯⋯⋯⋯⋯⋯⋯⋯⋯⋯•

よく一緒に遊ぶ友だちの名前は？

•⋯⋯⋯⋯⋯⋯⋯⋯⋯⋯⋯⋯⋯⋯⋯⋯⋯⋯⋯⋯⋯⋯⋯⋯⋯⋯⋯⋯⋯⋯⋯⋯•

•⋯⋯⋯⋯⋯⋯⋯⋯⋯⋯⋯⋯⋯⋯⋯⋯⋯⋯⋯⋯⋯⋯⋯⋯⋯⋯⋯⋯⋯⋯⋯⋯•

一生懸命がんばったことは？

•⋯⋯⋯⋯⋯⋯⋯⋯⋯⋯⋯⋯⋯⋯⋯⋯⋯⋯⋯⋯⋯⋯⋯⋯⋯⋯⋯⋯⋯⋯⋯⋯•

•⋯⋯⋯⋯⋯⋯⋯⋯⋯⋯⋯⋯⋯⋯⋯⋯⋯⋯⋯⋯⋯⋯⋯⋯⋯⋯⋯⋯⋯⋯⋯⋯•

子どもがしてくれて、うれしかったことは？

•⋯⋯⋯⋯⋯⋯⋯⋯⋯⋯⋯⋯⋯⋯⋯⋯⋯⋯⋯⋯⋯⋯⋯⋯⋯⋯⋯⋯⋯⋯⋯⋯•

•⋯⋯⋯⋯⋯⋯⋯⋯⋯⋯⋯⋯⋯⋯⋯⋯⋯⋯⋯⋯⋯⋯⋯⋯⋯⋯⋯⋯⋯⋯⋯⋯•

•⋯⋯⋯⋯⋯⋯⋯⋯⋯⋯⋯⋯⋯⋯⋯⋯⋯⋯⋯⋯⋯⋯⋯⋯⋯⋯⋯⋯⋯⋯⋯⋯•

学校行事の記録（運動会、遠足など）

こんなことを一緒に話したねランキング

1.
2.
3.

自分が子どもに対して与えていると思うことは？　逆に子どもからもらっていると思うことは？

あなたにとって子どもとは？

Souvenir de mon enfant

10歳の思い出ノート

大人になったかなと感じる瞬間は？

・・・

・・

・・

こんな大人になってほしいかな？

・・

・・

・・

10歳の　　　　　はどんな子？

・・

・・

10歳の　　　　　へのメッセージ

・・

・・

Souvenir de mon enfant

11歳の思い出ノート

思春期（1）

思春期について調べましょう。そして子どもにそういう期間があることを教えましょう。反抗は思春期に子どもが自我に目覚めた証です。成長を喜びましょう。

Souvenir de mon enfant
11歳の思い出ノート

身長、体重、靴のサイズ（11歳0ヵ月）

　　　　　　　　cm　　　　　　　　kg　靴のサイズ　　　　　cm
••

何年何組？　担任の先生は？

••

好きなこと、嫌いなことは（具体的に）？

••

••

••

••

一生懸命がんばったことは？

••

••

こんないいことをしました

••

••

まちがってこんな悪いこともしました

・・

・・

学校行事の記録（運動会、修学旅行、遠足など）

・・

・・

こんなことを一緒に話したねランキング

1.
・・

2.
・・

3.
・・

こんなことで悩んでいました

・・

・・

・・

Souvenir de mon enfant

11歳の思い出ノート

印象に残っている会話はありますか？

●・・・・・・・・・・・・・・・・・・・・・・・・・・・・・・・・・・・・・・・●

●・・・・・・・・・・・・・・・・・・・・・・・・・・・・・・・・・・・・・・・●

長所、短所は？

●・・・・・・・・・・・・・・・・・・・・・・・・・・・・・・・・・・・・・・・●

●・・・・・・・・・・・・・・・・・・・・・・・・・・・・・・・・・・・・・・・●

子育てで反省していること、学んでいることは？

●・・・・・・・・・・・・・・・・・・・・・・・・・・・・・・・・・・・・・・・●

●・・・・・・・・・・・・・・・・・・・・・・・・・・・・・・・・・・・・・・・●

11歳の　　　　　はどんな子？

●・・・・・・・・・・・・・・・・・・・・・・・・・・・・・・・・・・・・・・・●

●・・・・・・・・・・・・・・・・・・・・・・・・・・・・・・・・・・・・・・・●

11歳の　　　　　へのメッセージ

●・・・・・・・・・・・・・・・・・・・・・・・・・・・・・・・・・・・・・・・●

Souvenir de mon enfant
12歳の思い出ノート

思春期（2）
子どもが無視をしたり、無気力な返事をする時、
返答をしにくい質問をしていませんか？
言葉づかい、心づかいを少し意識してみてください。

Souvenir de mon enfant
12歳の思い出ノート

身長、体重、靴のサイズ（12歳0ヵ月）
　　　　　　　cm　　　　　　　kg　靴のサイズ　　　　cm

何年何組？　担任の先生は？

好きな教科と、嫌いな教科は？

一生懸命がんばったことは？

親として、12歳の　　　　　　　の誇れるところは？

学校行事の記録（運動会、修学旅行、遠足など）

こんなことを一緒に話したねランキング

1.
2.
3.

こんなことで悩んでいました

自分が子どもに対して与えていると思うことは？　逆に子どもからもらっていると思うことは？

大人だなと感じる瞬間は？

Souvenir de mon enfant

12歳の思い出ノート

自分に似ていると思うところは？

●・・●

●・・●

親として、子どもに理解してもらいたいことは？

●・・●

●・・●

●・・●

12歳の　　　　　　はどんな子？

●・・●

●・・●

12歳の　　　　　　へのメッセージ

●・・●

●・・●

Message pour mon enfant

小学校卒業、中学校入学おめでとう

家族からのメッセージ

中学生になるまでを振り返って

Porte pour la jeunesse
大人への扉

この先、子どもと仲良くつき合っていくために、
あなたが大切にしたいことは何ですか？
この章は、あなた自身の言葉で自由にお子さんの成長を
書き込むページです。

Porte pour la jeunesse
13歳の思い出ノート

経験
子どもはまだ経験が少ないので、失敗を必要以上に気にします。
あなたの成功の話よりも、失敗の話をたくさんしてあげましょう。

Porte pour la jeunesse
14歳の思い出ノート

夢・目標
子どもが夢や目標を語った時は、批判・否定をしないでコーチングをしてあげましょう。一緒に考え向かっていきましょう。

Porte pour la jeunesse
15歳の思い出ノート

鏡
あなたはまだ成長中です。子どもの姿に自分を映してみましょう、そして大切なことに気づいてください。

Message pour mon enfant

大人になった　　　　　　へ

親が子どものために書く
世界にひとつだけの本 BLUE

2016年10月10日　初版第1刷発行

企画・構成　山下　博
発行者　　瓜谷　綱延
発行所　　株式会社文芸社
　　　　　〒160-0022　東京都新宿区新宿1-10-1
　　　　　電話 03-5369-3060　　（代表）
　　　　　　　 03-5369-2299　　（販売）

印刷所　　株式会社暁印刷

©Hiroshi Yamashita 2016 Printed in Japan
乱丁本・落丁本はお手数ですが小社販売部宛にお送りください。
送料小社負担にてお取り替えいたします。
本書の一部、あるいは全部を無断で複写・複製・転載・放映、データ配信する
ことは、法律で認められた場合を除き、著作権の侵害となります。
ISBN978-4-286-17974-2

本書は2009年に小社より刊行した単行本に加筆・修正をしたものです。